NOUVELLE INSTRUCTION
POUR APPRENDRE
LE PLAIN-CHANT,

Tirée des meilleurs Auteurs.

DIVISÉE EN II. PARTIES.

La I. contient le moyen de l'apprendre : L'explication des huit Tons, selon le Romain & Parisien, & l'Intonation des Pseaumes & Cantiques.

La II. contient tous les Répons, & Leçons de Tenebres de la Semaine Sainte.

Par le R. P. PASCHAL, Cordelier.

A PARIS,

Chez ROBERT J. B. DE LA CAILLE, ruë S. Jacques, aux trois Cailles.

M. DC. LXXXII.

AVEC PRIVILEGE DV ROY.

AUX LECTEURS.

Messieurs,

Ayant imprimé cy-devant plusieurs Traitez du Plain-Chant, lesquels (ainsi que j'ay reconnu par le debit) vous ont esté fort agreables; j'ay esté obligé de mettre celuy-cy en lumiere pour vous satisfaire; ayant esté recueilly de divers Autheurs par le R. P. Paschal, Cordelier, tres-expert en cette science, lequel n'a rien épargné pour faire entendre clairement la methode qu'il faut sçavoir pour s'acquerir un si rare Tresor : C'est pourquoy, Messieurs, j'ay pris la liberté de vous presenter celuy-cy : Et afin d'empêcher les défauts qui pourroient survenir à l'impression, je l'ay imprimé avec Notes portans leurs regles : Et par la persuasion de plusieurs de vous autres Messieurs, j'y ay aussi ajoûté les Passions de Nostre Seigneur JESUS-CH. Leçons de Tenebres, & tout ce qui se chante en l'Eglise pendant la Semaine Sainte : avec la Methode de chanter les Epistres, Evangiles, l'explication des huit Tons, selon le Romain & Parisien, & plusieurs Messes Votives, afin que la connoissance que vous aurez acquise par l'aide & facilité de cet Ouvrage, ne vous soit infructueuse, & que vous la puissiez reduire en pratique, comme une perfection tres-digne de vous. C'est ce qui m'a obligé de vous le presenter.

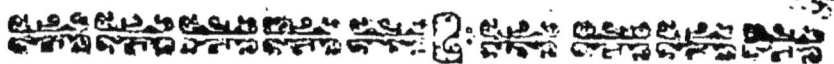

CHAPITRE I.

DE LA GAMME, ET explication d'icelle, selon ces Parties, Principes, Voix, ou Notes du Plain-Chant.

A Gamme est composée de quatre Echelles, dont la premiere contient les sept lettres, qui commencent les degrez de ladite Gamme: En la seconde Echelle sont les six Voix, ou Notes de b, *Mol*: En la troisiéme se trouve les six Voix, ou Notes de *Nature*: En la quatriéme sont les six Voix, ou Notes de b, *Quarre*. Or en chaque Echelle où sont les Voix, il y a six Echellons qui enferment les six Voix de la Musique, qui sont, *ut*, *re*, *mi*, *fa*, *sol*, *la*. De façon qu'un degré comprend une lettre, avec trois, ou deux Voix qui la suivent; & un Echellon ne comprend qu'une lettre, ou une seule voix. EXEMPLE, F, *ut*, *fa*, est un degré de la Gamme; la lettre F, est le premier Echellon de la premiere Echelle; la voix *ut*, est le premier Echellon de la seconde Echelle; & la voix *fa*, est le premier Echellon de la troisiéme Echelle; & ainsi des autres degrez: parquoy vous voyez qu'il y a différence entre degré & Echellon.

Il faut icy remarquer que les six voix de *Nature*, ne sont pas de suite dans leur Echelle, & que les trois Echellons ne commancent & ne finissent pas leurs voix en même degré, ny vis-à-vis l'une de l'autre; & c'est afin de pouvoir faire les Muances, soit en montant, soit en descendant, dans la Gamme; & d'une Echelle passer à une autre: Ou pour mieux dire, lors qu'on est à la la fin d'une Echelle on puisse continuer à monter par

A ij

le commencement de l'autre, comme si on mettoit une Echelle sur une autre, pour pouvoir monter plus haut. Tout cecy sera amplement expliqué cy-apres avec des Exemples, pour mieux faire comprendre lesdites Muances.

Des six voix de la Musique. Chap. 2.

Dans la Musique, ou Plain-Chant, il y a six voix, Notes, ou sillabes ; sçavoir, *ut, re, mi, fa, sol, la*; lesquelles ont esté montrées par Guidon, Religieux de saint Benoist, qui a rendu le Plain-Chant de l'Eglise beaucoup plus facile qu'il n'étoit auparavant.

L'Hymne de saint Jean, *Ut queant laxis, &c.* luy donna ces six Notes, dont on se sert maintenant. Le premier couplet Seraphique de cet Hymne, montre les six Notes; car les sillabes de chaque Vers qui sont écrites en lettres capitales, contiennent les susdites Voix, ou Notes.

UT	queant laxis
RE	sonare fibris,
MI	ra gestorum
FA	muli tuorum,
SOL	ve poluti
LA	bii reatum

Sancte Ioannes.

La Table, ou Gamme qui suit, contient & enseigne tout ce qui appartient aux six Notes, ou Voix de la Musique, soit qu'on chante par b, *Mol*, par *Nature*, ou par b, *Quarre*; dont la premiere qui est au bas de la seconde Echelle, laquelle enferme les six voix de b, *Mol*; sçavoir, *Ut*, est éloignée de la seconde, *Re*, d'un ton : Il y a pareillement un ton de chaque Note d'une Echelle à l'autre qui suit immediatement, excepté depuis le *mi*, jusqu'au *fa*; car ces deux Notes sont seulement éloignées l'une de l'autre d'un demi ton, ainsi que nous verrons plus bas par des exemples.

Il y en a qui mettent sept Notes, ou Voix ; & apres qu'ils ont dit, *ut, re, mi, fa, sol, la*: s'il faut monter

pour apprendre le Plain-Chant.

plus haut, ils disent *si*, ou *de*, pour la septiéme, & cela est pour éviter la Muance; parce qu'apres cette septiéme Note, ils recommencent *ut*, *re*, &c. Neanmoins la plus commune methode de chanter, & mieux approuvée des Musiciens, est de chanter avec six Notes, & par les Muances, ainsi que nous marquerons ensuite.

Des trois Clefs. Chap. 3.

IL y a aussi trois Clefs au Plain-Chant; à sçavoir celle de b, *Mol* celle de *Nature*, & celle de b, *Quarre*, & chacune de ces Clefs gouverne six Notes, *ut*, *re*, *mi*, *fa*, *sol*, *la* : & lors qu'il faut monter au dessus du *la*, ou descendre au dessus de l'*ut*, on fait la Muance dans une autre Clef, comme il sera expliqué plus au long cy-apres.

GAMME OU TABLE DU PLAIN-CHANT.

Les Letr	Voix de b. Mol.	Voix de Nat.	Voix de b. Qu.
E	b	mi	la
D	la	re	sol
C	sol	ut	fa
B	♮fa	b	mi
A	mi	la	re
G	re	sol	ut
F	ut	♮fa	

CHAPITRE IV.

Voila la Gamme ou Table, qui represente la nouvelle maniere dont se servent les Musiciens, &

qui est plus commode que la main Harmonique dont on se servoit autrefois : & il y en a plusieurs qui s'en servent encore aujourd'huy, notamment pour apprendre le Plain-Chant.

Je dis que cette Table est plus commode, parce que les six voix de chaque Clef se trouvent ensuite dans une même Colomne, ou Echelle ; & dans la main, il faut chercher les Notes dans les doigts ou jointures d'iceux avec plus de peine ; c'est pourquoy cette Table propose la Gamme simplement & plus facilement. Elle met les trois Clefs chacun dans son Echelle, & dans son degré ; sçavoir celle de b, *Mol*, dans la premiere Echelle des voix de b, *Mol*; & dans le degré de b, *fa*, b, *mi*, celle de *Nature*. En la seconde Echelle, & au degré de F, *ut, fa*, d'où elle est appellée la Clef de F, *ut, fa*; & celle de b, *Quarre*, en la troisiéme Echelle, & au degré de C, *sol, ut, fa*: aussi on la nomme la Clef de C, *sol, ut, fa*: elle met aussi *Nature* au milieu de b, *Mol*, & b, *Quarre*, parce que les deux autres s'en servent également pour faire les Muances ; car aussi-tost que la Clef de b, *Mol*, ou de b, *Quarre* finit, on passe à celle de *Nature*, soit en montant, ou en descendant.

Comment il faut sçavoir la Gamme. Chap. V.

IL faut sçavoir la Gamme par memoire, en descendant depuis E, *mi la*, jusqu'à F, *ut, fa*; & aussi en remontant, depuis F, *ut, fa*, jusqu'à E, *mi, la*; afin qu'en décontant les Notes par la Gamme, vous la montiez & descendiez selon les Notes, comme vous verrez aux exemples des trois Clefs mis ensuite, ausquelles nous donnerons leurs Notes, avec les noms des Clefs & des voix.

Ensuite, il faut sçavoir qu'au premier degré E, *mi, la*, il y a une lettre, & deux Notes ou voix : la lettre est E ; & les deux voix sont, *mi, la*. La premiere voix, qui est *mi*, est par *Nature*; & on l'appelle le *mi* de *Nature*, en E, *mi, la*; distingué de celuy de b, *Mol*, qui est en A, mi, la, re; & de celuy de b, Quarre, qui est en B, fa, b, mi. La seconde voix, ou Note, est la, par b, Quarre, & qu'on nomme le la de b, Quarre, en E, mi, la, distingué du la de b, Mol, qui est en D, la, re, sol; & du la de Nature, qui est en A, mi, la, re.

Le second degré, est D, la, re, sol, qui contient une lettre, & trois Notes: la lettre est D, & les Notes sont la, re, sol, dont la premiere est le la de b Mol, en D, la, re, sol; distingué de celuy de Nature, qui est en A, mi, la, re; & de celuy de b, Quarre, qui est en E, mi, la. La seconde Note ou voix est le re de Nature, en D, la, re, sol; distingué de celuy de b, Mol, qui est G, re, sol, ut; & de celuy de b, Quarre, qui est en A, mi, la, re.

La troisiéme voix ou Note, est le sol de b, Quarre en D, la, re, sol; distingué de celuy de b, mol, qui est en C, sol, ut, fa; & celuy de Nature, qui est en G, re, sol, ut: & ainsi les autres degrez se pourront expliquer de même façon que ceux-cy.

Vous voyez par là qu'il n'y a point deux voix semblables en un même degré, ny sur une même lettre; mais elles sont distinctes & differentes les unes des autres; & une même lettre n'est jamais marquée par deux la, ou pour trois semblables, mais bien pour deux ou trois differentes voix; comme en E, mi, la: la lettre E, le marque pour le mi de Nature, & le la de b, Quarre, &c.

DEMONSTRATION DU PLAIN-CHANT en general, & de ces Voix & Clefs. Chap. VI.

IL faut sçavoir en premier lieu, que la Note qui s'appelle ut, se chante ou par b, mol, en F, ut, fa; ou par Nature, en C, sol, ut, fa; ou par b, Quarre, en G, re, sol, ut. Et afin que vous les puissiez mieux entendre & comprendre, on vous met icy les Notes en leurs places, avec leurs Clefs.

EXEMPLE de l'UT.

F, ut, fa.   C, sol, ut, fa.   G, re, sol, ut.

UT par b, *mol*. *UT* par *Nature*. *UT* par b, *Quarre*.

La seconde Note qui se nomme re, se chante ou par b, mol, en G, re, sol, ut; ou par *Nature*, en D, la, re, sol, ou par b, *Quarre*, en A, mi, la, re.

Exemple de la Note Re.

G, re, sol, ut.   D, la, re, sol.   A, mi, la, re.

RE, par b, *mol*. *RE*, par *Nature*. *RE*, par b, *Quarre*.

La troisième Note qui s'appelle mi, se chante ou par b, mol, en A, mi, la, re; ou par *Nature*, en E, mi la; ou par b, *Quarre*, en B, fa, b, mi.

Exemple de la Note, Mi.

A, mi, la, re.   E, mi, la.   B, fa, b, mi.

Mi, par b, *mol*. *Mi* par *Nature*. *Mi*, par b, *Quarre*.

La quatriéme Note qui se nomme fa, (sans conter le fa feint) se chante ou par b, mol, en B, fa, b, mi ; ou par *Nature*, en F, ut, fa; ou par b, *Quarre*, en C, sol, ut, fa.

Exemple de la Note, Fa.

B, fa, b, mi.   F, ut, fa.   C, sol, ut, fa.

Fa, par b, *Mol*. *Fa*, par b, *Nature*. *Fa*, par b, *Quarre*.

La cinquiéme Note, qui s'appelle sol, est chantée ou par b, mol, en C, sol, ut, fa; ou par b, *Nature*, en G, re, sol, ut, ou par b, *Quarre*, en D, la, re, sol.

Exemple de la Note, Sol.

C, sol, ut, fa.   G, re, sol, ut.   D, la, re, sol.

Sol, par b, *mol*. *Sol*, par *Nature*. *Sol*, par b, *Quarre*.

La

pour apprendre le Plain-Chant.

La sixiéme Note qui se nomme *La*, se chante ou par b, *Mol*, ou en D, *la, re, sol*; ou par *Nature*, en A, *mi, la, re*; ou par b, *Quarre*, en E, *mi, la*.

Exemple de la Note, La.

D, *la, re, sol*.   A, *mi, la, re*.   E, *mi, la*.

La, par b, *Mol*.   *La*, par *Nature*.   *La*, par b, *Quarre*.

Voila les six voix, *ut, re, mi, fa, sol, la*, qui sont les six voix du Plain-Chant, & de la Gamme, en leur propre place, & selon les Clefs; en telle façon qu'elles sont situées en même lieu que vous les voyez icy, sous les trois Clefs de b, *Mol*, *Nature*, & b, *Quarre*.

Outre ces six Notes, il y a le *Fa feint* qu'on rencontre beaucoup de fois dans le Plain-Chant, lequel se met toûjours aprés le *La* de chaque Clef, lors qu'il n'y a point d'autre Note au dessus de luy; & ce *Fa feint*, n'est qu'un demi ton par-dessus le *La*, qu'on fait en feignant la voix, & s'appelle *Fa feint*, à cause de cela; on le fait sans faire Muance, & est marqué par un b, *Mol*.

Exemple du Fa feint.

Fa feint en b, *Mol*.   *Fa feint* en *Nature*.   *Fa feint* en b, *Quarre*.

Pour sçavoir rendre raison des Notes en toutes les Clefs, & en tous les degrez de la Gamme.

POur ce sujet, il faut sçavoir connoistre la Clef, la Note, & le degré de la Gamme, auquel cette Note est située: Par exemple, si c'est la Clef de b, *Mol*, & que la Note soit sur un *La*; si on vous demande quelle est cette Clef, vous répondrez que c'est la Clef de b, *Mol*; quelle est cette Note, vous direz, c'est un *La*:

B

Par quoy se chante elle (par b, *Mol*: En quoy elle se chante? en D, *la*, *re*, *sol*, & ainsi des autres. Que si vous estiez en peine de sçavoir le nom d'une dans le Plain-Chant, il faut avoir recours à la Clef qui est au commencement des lignes: car la Note qui est sur la ligne de b, *Quarre*, comme ces deux Clefs sont toûjours sur une des quatre lignes; ou bien si c'est la Clef de b, *Mol*, la Note qui est entre les deux lignes où est ce b, *Mol*, est toûjours un *fa*. Que si la Note dont vous cherchez le nom, est au dessous de la Clef, il faudra compter depuis le *fa* qui est sur la Clef, en descendant depuis ledit *fa*, jusqu'à l'*ut*, disant *fa*, *mi*, *re*, *ut*, & en mettant une Note sur la ligne, l'autre entre les deux lignes, l'autre derechef sur la ligne d'apres, &c. De même, si la Note est au dessus de la Clef immediatement, ce sera un *sol*; ou bien si elle est deux Notes par-dessus, ce sera un *la*; par ainsi vous trouverez le nom de vostre Note. Que si la Note dont vous voulez sçavoir le nom, étoit plus haut que le *la*, ou plus bas que l'*ut*, alors il faudra faire Muance, ainsi que nous montrerons plus bas, traitant des Muances.

Comment il faut entonner les six voix, ut, re, mi, fa, sol, la, *en montant & en descendant.* Chap. 7.

POur bien se regler au chant, & entonner les Notes, il faut commencer par la premiere *ut*; & avec un bon ton de voix harmonieuse & ferme, il faut entonner cette voix ou note, *ut*, & élevant vostre voix d'un ton, vous entonnerez le *re*, pardessus *ut*, en disant, *ut*, *re*; & en haussant derechef d'un ton, vous entonnerez le *mi*, en disant, *ut*, *re*, *mi*; & en haussant vostre voix seulement d'un demi ton, vous entonnerez le *fa* pardessus le *mi*, en disant, *ut*, *re*, *mi*, *fa*: & d'un ton pardessus le *fa*, vous entonnerez le *sol*, en disant, *ut*, *re*, *mi*, *fa*, *sol*; & d'un ton pardessus le *sol*, vous entonnerez le *la*, en disant, *ut*, *re*, *mi*, *fa*, *sol*, *la*;

ainsi que vous voyez dans cet Exemple.

ut, u, re, u, re, mi, ut, re, mi, fa, ut, re, mi, fa, sol, u, re, mi, fa, s, la.

Or tout de même que pour monter vous commencez à l'*ut* & en un ton un peu plus bas en élevant vostre voix de ton en ton, & de note en note, jusqu'au *la*: Aussi tout au contraire, en descendant vous commencez au *la*, en un ton plus haut; & en baissant vostre voix de note en note, & de ton en ton, vous descendez jusqu'à l'*ut*: Et tout ainsi qu'en montant, depuis *mi*, jusqu'au *fa*, il n'y a qu'un demi ton; aussi en descendant depuis *fa*, jusqu'au *mi*, il n'y aura qu'un demi ton. *Exemple.*

La, la, sol, la, s, fa, la, s, fa, mi, la, s, fa, mi, re, la, sol, fa, mi, re, ut.

Des six voix qui se chantent par b, Mol. Chap. 8.

POur continuer à vous montrer l'entonnement des six notes, ou voix de Plain-Chant, d'où dépend l'art de bien chanter; il faut sçavoir que toute clef commence en son *ut*, & en montant finit en son *la*; & au contraire en descendant, il commence en *la*, & finit en *ut*: C'est pourquoy vous commencez à entonner les notes qui se chantent par b, *mol*, au degré d'F, *ut fa*, ou à son *ut*, & vous finissez au degré de D, *la*, *re*, *sol*, ou en son *la*, & en descendant vous commencez au *la* de D, *la*, *re*, *sol*, & vous finissez à l'*ut*, de F, *ut*, *fa*, comme vous voyez l'exemple ici bas.

Il faut ici remarquer, que ce qui fait la clef de b, *mol*, est le b, lequel met le *fa* entre deux lignes, où ledit b est marqué; de ce que les deux autres Clefs ont le *fa* sur la ligne, en laquelle elle sont placées: & par ainsi les notes de b, *mol* sont autrement dessus & entre les re,

B ij

glets ou lignes, qu'elles ne font aux autres deux clefs: Ce qu'il faut remarquer pour bien chanter par b *mol*, en entonnant *ut*, fur la ligne *re*, entre les deux lignes, *mi*, fur la ligne *fa*, au milieu, & ainfi des autres.

Exemples des fix Notes qui fe chantent par b Mol.

Ut, re, mi, fa, fol, la.   La, fol, fa, mi, re, ut.

Des fix voix de Nature. Chap. 10.

POur déconter les fix notes de Nature, *Vt, re, mi, fa, fol, la*, en montant & en defcendant par les degrez C, D, E, F, G, A; il faut commencer par fon *ut*, en C, *fol, ut fa*, en difant l'*ut* de *nature*, eft en C, *fol, ut, fa*: fon *re*, en D, *la, re, fol*: fon *mi*, en E, *mi, la*: & parce que vous eftes au haut de la Gamme, il faut recommencer au bas d'icelle, & dire fon *fa* en F, *ut, fa*. fon *fol*, en G, *re, fol, ut*. & fon *la*, en A, *mi, fa, re*. & en defcendant, *la, fol, fa, mi, re, ut*. vous ferez le même chemin; & lors que vous ferez au *fa*, en F, *ut, fa*, vous recommancerez la Gamme en E, *mi, la*, jufqu'en fon *ut*, en C, *fol, ut fa*.

Exemples des fix Notes qui fe chantent par b, Quarre.

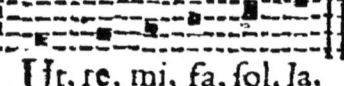 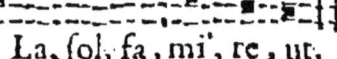

Ut, re, mi, fa, fol, la.   La, fol, fa, mi, re, ut.

Des fix voix de b, Quarre. Chap. 11.

POur déconter les fix voix ou notes de b, Quarre, *ut, re, mi, fa, fol, la*, en montant & en defcendant par les degrez G, A, B, C, D, il faut commencer par fon *ut*, en G, *re, fol, ut*: & dire l'*ut* de b Quarre, eft en G, *re, fol, ut*. le *re*, en A, *mi, la, re*. le *mi*, en B, *fa, b, mi*: le *fa* en C, *fol, ut, fa*. le *fol* en D, *la, re, fol*; & le *la*, en E, *mi, la*: en defcendant commencer au *la*, en E, *mi, la*, &c. jufqu'à l'*ut* de G, *re fol, ut*.

Exemple des six Notes qui se chantent par ♭ Quarre.

Ut, re, mi, fa, sol, la.   La, sol, fa, mi, re, ut.

PAr ce qui a esté dit & montré cy-dessus, on pourroit facilement comprendre les six notes ou voix du Plain-Chant, sçavoir, leur nom, par quoy elles se chantent, & en quoy elles sont; c'est à dire en quel degré: Neanmoins pour mieux vous les faire entendre, je les mets icy de suite

Ut.	Ut.	Ut.
Ut de *b. m.* est en F	Ut de *nat.* est en C	Ut de *b.q.* est en G
RE.	RE.	RE.
Re de *b.m.* est en G	Re de *nat.* est en D	Re de *b.q.* est en A
MI.	MI.	MI.
Mi de *b.m.* est en A	Mi de *nat.* est en E	Mi de *b.q.* est en B
FA.	FA.	FA.
Fa de *b.m.* est en B	Fa de *nat.* est en F	Fa de *b.q.* est en G
SOL.	SOL.	SOL.
Sol de *b.m.* est en C	Sol de *nat.* est en C	Sol de *b.q.* est en D
LA.	LA.	LA.
La de *b.m.* est en D	La de *nat.* est en A	La de *b.q.* est en E

Des Muances & quand il les faut faire, Chap. 12.

MUance ou Plain-Chant est un changement de la Note d'une clef en la Note d'une autre clef, lequel changement de Note se fait en même ton de voix, & en même degré de la Gamme, & neanmoins en diverses Clefs, Echelles & Echellon d'icelle. Or nous sommes contraints de faire la susdite Muance, lors qu'il arrive que dans le chant il y a des Notes plus hautes que le *la*, ou plus basses que l'*ut*: car comme il n'y a que six Notes en chaque Clef, sçavoir *ut*, *re*, *mi*, *fa*, *sol*, *la*, comme nous avons montré cy-devant, il est manifeste que par-dessus le *la*, & au dessous de l'*ut*, rien ne peut estre chanté sans faire muance.

Regles generales desdites Muances. Chap. 13.

TOute Muance en montant est toûjours faite en *re*, & en descendant elle est toûjours faite en *la*, tant par b, *Mol*, par *Nature*, que par b, *Quarre*: Et parce qu'aucune fois pour monter nous changeons & muons le *sol*, en *re*, comme lors que nous disons, *ut, re, mi, fa, re, mi*; au lieu de, *ut, re, mi, fa, sol, la*; & d'autre fois nous changeons le *la* en *re*, en disant, *ut, re, mi, fa, sol, re*. Et pour descendre aucune fois, nous changeons le *mi* en *la*, comme en disant, *la, sol, fa, la*: & d'autre fois nous muons le *re* en *la*, en disant, *la, sol, fa, mi, la*. Pour doncques connoistre la difference desdites Muances, nous mettons icy ensuite plusieurs petites Regles avec leurs Exemples, qui montreront clairement en quelle façon il faut faire telles Muances; sçavoir lors qu'il faut dire en descendant, *la, sol, fa, la*; ou bien, *la, sol, fa, mi, la*: & en montant lors qu'il faut dire, *ut, re, mi, fa, re*; ou, *ut, re, mi, fa, sol, re*.

Premierement, il faut remarquer que toutefois & quantes que pour muer en montant vous dites, *ut, re, mi, fa, sol, re*; aussi pour faire la Muance en descendant, il faut dire, *la, sol, fa, mi, la*, comme vous voyez icy au premier exemple de b, *mol*: Et lors que pour muer en montant, vous dites, *ut, re, mi, fa, re*, sans dire, *la, sol, fa, mi, la*, comme vous voyez icy au premier exemple de b, *mol*: & lors que pour muer en montant, vous dites, *ut, re, mi, fa, re*; sans dire, *fa, sol, re*; aussi en faisant la Muance pour descendre, vous direz, *la, sol, fa, la*, & non pas, *fa, mi, la*, tant en b, *Mol*, qu'en *Nature*, & en b, *Quarre*, ainsi que vous pouvez voir au quatriéme Exemple; & parce que les-

pour apprendre le Plain-Chant. 15

dites Muances se trouvent à toutes les trois Clefs, vous pourrez connoistre par les exemples suivans en quels lieux se trouve la Muance de *fa, re,* pour monter, & le *fa la* pour descendre, & pareillement l'autre de *fa, sol, re,* pour monter, & *fa, mi, la,* pour descendre.

Muances de b, Mol, en montant & en descendant.
Chap. 14.   *Premiere Exemple.*

B. *Mol,* en montant au dessus de soy, fait Muance de son *la,* qu'il change au *re* de *Nature,* au degré de D, *la, re, sol,* en disant, *fa, re, &c.* Et en descendant on change le *re* en *la,* pour rentrer de *Nature* en b, *Mol,* d'où l'on étoit sorti en montant, comme vous voyez ici.

Re, mi, fa, sol. Re, mi, fa, sol. sol, fa, mi. la, sol, fa, mi, re.

Seconde Exemple.

B, *Mol,* en descendant au dessous de soy, fait changement de son *mi* en *la,* de *Nature,* au degré de A, *mi, la, re,* en disant *fa, la, sol, &c.* Et en remontant vers b, *Mol,* on change le *sol* en *re,* au degré de G, *re, sol, ut,* pour rentrer de *Nature* en b, *Mol,* d'où l'on étoit sorty en descendant, comme vous voyez en cet exemple.

La, sol, fa. la, sol, fa, mi, re, ut. ut, re, mi, fa, re, mi, fa, sol, la.

Les Muances de Nature, *en montant & en descendant*
Chap. 15.   *Troisiéme Exemple.*

Nature, en montant au dessus de soy, fait la Muance de son *la,* au *re* de b, *Quarre,* au degré de A, *mi, la, re,* en disant, *fa, sol, re, &c.* Et en descendant vers *Nature,* on change le *re* en *la,* pour rentrer en *Nature,*

16   *Nouvelle Instruction*

d'où l'on étoit forty en montant ; vous en voyez icy l'exemple.

Ut, re, mi, fa, fol, re, mi, fa, fol. fol, fa, mi, la, fol, fa, mi, re, ut.

Quatriéme Exemple.

Nature, en descendant au dessus de soy, fait Muance de son *mi*, au *la* de b, *Quarre*, au degré de E, *mi, la*, en disant, *fa, la, &c.* Et en remontant dudit b, *Quarre* vers la Clef de *Nature*, l'on change le *fol* en *re*, au degré D, *la, re, fol*, pour rentrer en *Nature*, d'où on étoit sorti en descendant, ainsi que vous voyez en cet exemple.

La, fol, fa. la, fol, fa, mi, re. re, mi, fa. re, mi, fa, fol, la.

Les Muances de b, *Quarre en montant & en descendant.*

Chap. 16.   *Cinquiéme Exemple.*

B, *Quarre* en montant au dessus de soy, fait la Muance de son *fol*, qui se change au *re* de *Nature*, au degré de D, *la, re, fol*, en disant, *fa, re, mi, &c.* Et en descendant vers la Clef de b, *Quarre*, on change le *mi*, en *la*, au degré E, *mi, la*, pour rentrer en b, *Quarre*, d'où on étoit sorti, comme on voit en cet exemple.

Ut, re, mi, fa. re, mi, fa, fol, la. la, fol, fa. la, fol, fa, mi, re, ut.

Sixiéme Exemple.

B, *Quarre*, en descendant au dessous de soy, fait Muance de son *re*, au *la* de *Nature*, au degré de A, *mi, la, re*, en disant, *fa, mi, la, &c.* Et pour remonter vers la Clef de b, *Quarre*, on change le *la* en *re*,

pour

pour apprendre le Plain-Chant.

Sol, fa, mi, la, sol, fa, mi, re. mi, fa, sol, re. re, mi, fa, sol.

POur avoir entiere connoissance des Muances, qui est le plus difficile au Plain-Chant.

Premierement, si en montant il n'y a qu'une seule Note au dessus du *la*, il ne faudra point faire de Muance, ains seulement il faut de cette Note en faire un *fa feint*; c'est à dire hausser cette Note d'un demi ton par-dessus le *la*, ainsi que nous avons déja dit cy-dessus, traitant des six Notes en particulier, page 12. Mais en descendant, s'il y a une Note au dessous de l'*ut*, il faudra faire Muance pour cette seule Note.

Secondement, Remarquez que jamais b, *Mol* ne fait Muance en b, *Quarre* immediatement; ny b, *Quarre* en b, *Mol*, soit en montant, soit en descendant; mais on change toûjours de b, *Mol* en *Nature*, & aussi de b, *Quarre* en *Nature*.

Troisièmement, *Nature* étant au milieu entre b, *Mol*, & b, *Quarre*, elle pourroit indifferemment faire Muance tantost en b, *Mol*, tantost en b, *Quarre*, parce que de l'Echelle de *Nature*, on peut aller dans celle de b, *Mol*, & dans celle de b, *Quarre*: neanmoins il faut toûjours faire la Muance de *Nature* en b, *Quarre*, ainsi que nous avons montré cy-dessus, parlant de la Muance de *Nature*. Que si on chantoit au commencement par b, *Mol*, & qu'il falût faire Muance de b, *Mol*, en *Nature*, comme nous avons dit & montré au second exemple des Muances: alors pour remonter de *Nature*, on rentre dans b, *Mol*, d'où on étoit sorti, comme on voit audit exemple. On voit dans le Plain Chant des Répons, des Graduels, & autres choses semblables, qui au commencement se chantent par b, *Quarre*, & puis sur le milieu sont par b, *Mol*, comme on peut voir

C

au troisième Répons du Ieudy-Saint. *Ecce vidimus eum*, &c. lequel on commence par b, *Quarre*, & après change en b, *Mol*. Or ce n'est pas qu'on fasse icy Muance de b, *Quarre* en b, *Mol*, contre ce que nous venons de dire; car la Muance se fait au dessus, ou au dessous d'une Clef: mais c'est la même Clef qui se change en une autre; sçavoir celle de b, *Quarre*, en celle de b, *Mol*, sans faire Muance, excepté qu'il met le *fa* entre les deux lignes, lequel étoit sur la ligne.

Vous remarquerez en quatriéme lieu, que dans le Chant, la Clef change quelquefois de reglet, ou de ligne, comme vous voyez icy en cet exemple.

Or quand vous rencontrerez ces changemens de Clef d'une ligne sur une autre, il faut bien prendre garde de dene pas perdre le ton de vos Notes, mais il faut poursuivre tout de même que s'il n'y avoit aucun changement de Clefs, parce qu'alors les Notes ne changent pas de ton, mais seulement de place; ainsi que vous pourrez voir par le susdit exemple, dans lequel après que vous avez commencé à chanter, *re*, *fa*, *mi*, *re*, *fa*, la Note d'après est en même ton & dans le même degré, F, *ut*, *fa*, quoy qu'il soit plus bas d'une ligne à cause de la Clef qui a changé de place & baissé d'une ligne; aussi c'est pourquoy il faut dire ces deux *fa* en même ton; & ainsi vous jugerez des autres rencontres en ces changemens de Clef, en prenant bien garde au guidon, ou renvoy, qu'on met d'ordinaire ensuite de la Note qui procede de la Clef changée. Voicy une autre exemple, afin de vous les faire mieux comprendre.

Vous voyez donc comme au premier changement de Clef, le guidon vous marque que la Note suivante est en même ton, quoy qu'elle soit plus haute; voila pourquoy vous la chantez en même voix, & en un *sol*, pour muër de Nature en b, *Quarre*; & à l'autre changement de Clef qui suit; vous voyez comme la Note d'après un *fa*, est plus haute de deux tons que la precedente quoy que sur la même ligne, à cause de la Clef qui change; d'où vous voyez qu'il ne faut pas avoir égard à la situation des Notes, mais bien à la Clef de laquelle elles dependent, lesquels changemens de Clefs se font afin de pouvoir placer les Notes sur les lignes lors qu'on est ou à la derniere d'en-bas, ou à la plus haute, & qu'il faut monter plus haut, ou descendre plus bas; ce qu'on ne pouvoir faire sans changer la Clef, ou plus bas, ou plus haut, comme vous voyez cy-dessus.

Et voila tout ce qu'on peut dire touchant la Gamme, les Clefs & les Notes du Plain-Chant, pour vous en donner une suffisante intelligence, & vous apprendre les principes du Chant lors que vous aurez bien compris tout ce que dessus; la pratique que vous en ferez en chantant vous enseignera le reste.

SECOND TRAITÉ
DES HUIT TONS
DE L'EGLISE.

DE L'INTONATION, MEDIATION,
& fin des Psalmes, selon l'usage Romain & Parisien.

CHAPITRE PREMIER.

NOUS pouvons appeller les huit tons de l'Eglise, huit modes, ou manieres de chanter les Psalmes, differentes les unes des autres; comme font voir leur Intonation, Mediation, & Evovae; c'est à dire, le commencement, le milieu, & la fin de chaque Ton, qui continuent presque toûjours sur une même Note, qu'on appelle Dominante, parce que l'Intonation tend à cette Note; la Mediation se fait en elle, l'Evovae commence toûjours par elle : de sorte que le chant des Psalmes est une voix continuée, qui reçoit quelque varieté au commencement, au milieu, ou à la fin. On se sert ordinairement de ces deux Vers suivans pour connoistre & expliquer les huit Tons de l'Eglise.

Pri. re, la. *Sec.* re, fa. *Tert.* mi, fa. *Quart. quoque* mi, la. *Quint.* fa, fa. *Sex.* fa, la. *Sept. tenet* ut, sol. *Oct tenet*, ut fa.

Lesquels Vers enseignent generalement les Intonations des Psalmes en cette façon.

La premiere Partie, *Pri. re, la*, contient deux Notes, *re*, & *la*, dont la premiere signifie la derniere Note de l'Antienne qui precede le Psalme; & la seconde represente la Note dominante qui sert pour chanter le Psalme; par consequent il faut dire que le Psalme est du premier Ton, quand son Antienne finit en *re*, & qu'il se chante en *fa*. La seconde Partie, *Sec. re. fa*, signifie que le Psalme est du second Ton, quand son Antienne finit en *re*, & qu'il se chante en *fa*. La troisiéme, *Ter. mi, fa*, montre qu'il est du troisiéme Ton, quand l'Antienne finit en *mi*, & qu'il se chante en *fa*. La quatriéme, *Quart. mi, la*, signifie qu'il est du quatriéme Ton, quand l'Antienne finit en *mi*, & qu'il se chante en *la*. La cinquiéme, *Quin. fa, fa*, montre qu'il est du cinquiéme Ton, quand l'Antienne finit en *fa*, & qu'il se chante avec la même Note *fa*. La sixéme, *Sex. fa, la*, signifie qu'il est du sixiéme Ton, quand l'Antienne finit en *fa*, & qu'il se chante en *la*. La septiéme, *Sept. ut. sol*, signifie qu'il est du septiéme Ton, lors que l'Antienne finit en *ut*, & qu'il se chante en *sol*. Enfin le huitiéme, *Oct. ut, fa*, montre qu'il est du huitiéme Ton, quand l'Antienne finit en *ut*, & qu'il se chante en *fa*.

On rapporte encore ces quatre autres Vers, qui expliquent la même chose.

Psalmodiam primam, re, la, re, fa, *que secundam:*
Per sextam, mi, fa. *Ternam præbant: &* mi, la,
 quartam.
Fa, fa, *dant quintam*, fa, la, *ostendunt tibi Sextam*
Ut, sol. *Septimam*, ut, fa, *demonstrantque Octavam.*

Or il faut remarquer que le Psalme est dit se chanter en *fa*, en *la*, en *sol*, &c. non qu'il n'ait que cette seule Note, mais parce qu'elle est plus souvent repetée que les autres, & qu'elle est la premiere de l'Evovae, ou du *Sæculorum, Amen*. De-là vient qu'on l'appelle dominante; car elle s'entend plus souvent que les autres & gouverne le Ton.

Les Vers suivans contiennent le commencement, ou l'Intonation des huit Tons precedens, selon l'usage Romain.

Psalmodiam retinent primam, Sextamque, fa, sol, la.
Ut, re, fa. *Octavam, sic Ternam, sicque Secundam,*
La, sol, la. *Quartam*, fa, re, fa, *dant tibi Quintam.*
Sept. tenent verò, fa, mi, fa, sol, *tibi monstrant.*

Il y a des Ecclesiastiques qui ne commencent pas les Psalmes par les Intonations mises au commencement des huit Tons: mais ils commencent toûjours par la dominante, excepté les Cantiques, *Magnificat, Benedictus*, & *Nunc dimittis*, qui se commencent toûjours solemnellement par l'Intonation; neanmoins selon l'usage Romain, aux Festes doubles, on commence les Psalmes avec l'Intonation, du moins le premier Verset du Psalme, ainsi que vous verrez par les huit Tons notez cy-apres.

Il faut remarquer que le Chant des Psalmes est une partie de celuy des Antiennes; doù vient qu'on dit, que le Psalme est du même Mode, ou Ton de son Antienne.

Evovae signifie les cinq voyelles qui sont dans le *Sæculorum, Amen*, qui finissent la Psalmodie, & qui commencent par la Note dominante, & finissent d'ordinaire à la premiere Note de l'Antienne qui fait un même corps de Chant, ou pour mieux dire, qui est du même Mode & Ton que le Psalme : Aussi elle se repete toûjours devant & apres, & elle est plus souvent tirée du même Psalme, avec qui elle a une telle relation, qu'elle nous coduit à la Note dominante du Ton, comme la fin du Psalme nous ramène au commencement de l'Antienne : de sorte que le Psalme & Antienne contiennent ordinairement le Ton entier, ou Mode, qu'on connoist par la Note finale de l'Antienne, & la dominante du Ton du Psalme. La même chose est observée aux *Evovae* des Introites des Messes : car la fin de ces *Evovae* se rapporte toûjours au commencement desdits Introites, qui peuvent servir de patron & de modele pour les Psalmes & pour les Antiennes, parce qu'il ont esté conservez en leurs entiers.

Afin que vous puissiez bien comprendre les huit Tons, & que vous puissiez les distinguer l'un d'avec l'autre, & les commencer lors qu'il en sera besoin, on les met icy tous au long & avec leurs divers *Evovae*, ou *Sæculorum, Amen*, pour les Festes doubles, & pour les simples.

De plus, vous remarquerez que pour trouver avec plus de facilité la dominante (si par hazard vous ne pouvez comprendre ny concevoir l'explication cy-dessus) il faut voir ou compter le plus grand nombre des Notes qui se rencontreront entre ou sur une même regle, & ce plus grand nombre sera la dominante de l'Antienne, comme vous pouvez voir cy-apres au premier Ton, où il y a plus de *la* que d'autre Note ; ce qui est facile à remarquer.

EXEMPLE DES HUIT TONS DE L'EGLISE.

LE PREMIER TON AVEC SES FINS differentes, pour les doubles, tant à Vespres, Matines, que Laudes.

Commencement.   Milieu.   Fin.

Intonation.   Mediation.   Euouae.

Dixit Dominus Domino meo: sede à dextris meis.

Differentes fins du même Ton premier.

Euouae.   Euouae.   Euouae

Euouae.   Euouae.   Euouae.

Toutes ces diverses fins marquées par *Euouae*, sont toutes du premier Ton : Elles sont aussi differentes, selon les divers commencemens des Antiennes dudit Ton premier : Par exemple, si l'Antienne commence au *sol*, la fin du Ton du Psalme finira aussi au *sol*, afin de reprendre facilement le Ton de l'Antienne, apres le Psalme, comme on voit à la premiere Antienne des secondes Vespres de Noël, *Tecum principium* ; & ainsi des autres.

Magnificat, & *Benedictus* s'entonne de même, ayant le commencement, le milieu & la fin, comme les Psalmes, en tout temps : mais il faut icy remarquer que chaque verset du Cantique *Magnificat*, de *Benedictus*, *Nunc dimittis*, commence de même que le premier verset ; sçavoir par l'intonation, *fa, sol, la* ; & les Psalmes ne commencent que le premier verset par ladite Intonation de *fa, sol, la*. Et les autres versets suivans commencent tout droit par la dominante, comme vous voyez icy.

Donec ponam inimicos tuos: scabellum, &c.

Ce qu'il faut bien remarquer pour tous les autres Tons, aux Festes Semidoubles, Simples, Feries, tant les Psalmes, que les Cantiques *Magnificat*, &c. se commencent tout droit, comme en ce second verset *Donec ponam*, sans prendre *fa*, *sol*, *la*, & se continuent & finissent comme dessus. Il y a neanmoins des Religions qui commencent aux Semidoubles comme aux Doubles ; en cela il faut suivre la coûtume.

Le second Ton aux Festes Doubles.

Le commencement.   Le milieu.   La fin.

Dixit Dominus Domino meo: sede à dextris meis.

Magnificat anima mea Dominum.

Aux Festes Semidoubles, Simples & Feries, les Psalmes commencent tout droit à la dominante *fa*, & le reste comme dessus, au milieu & à la fin.

Le troisiéme Ton, avec ses fins diverses, pour les Doubles.

Le commencement.   Le milieu.   La fin.

Dixit Dominus Domino meo: sede à dextris meis.

Euouae.   Euouae.   Euouae.

Magnificat

selon l'usage Romain.

Magnificat anima mea Dominum.

Aux Festes Semidoubles, Simples, & aux Feries on commence les Psalmes commencent tout droit par la dominante *fa*, le reste comme dessus, au milieu & à la fin.

Le troisiéme Ton, avec ses fins diverses, pour les Doubles.

Le commencement.   Le milieu.   La fin.

Dixit Dominus Domino meo : se de à dextris meis.

E u o u a e.   E u o u a e.   E u o u a e.

Magnificat anima mea Dominum. Et exultavit.

Aux Festes Semid. Simples & Feries, on commence les Psalmes tout droit par la domin. le reste *fa*, comme dessus.

Le quatriéme Ton, avec ses fins diverses pour les Doubles.

Le commencement.   Le milieu.   La fin.

Dixit Dominus Domino meo : sede à dextris meis.

E u o u a e.   E u o u a e.   E u o u a e.

Le *Magnificat & Benedictus*, commencent toûjours comme les Psalmes, & finissent de même comme dessus. Aux Festes Semidoubles, Simples, & aux Feries, les Psalmes commencent tout droit à la dominante *la*, le milieu & la fin comme cy-dessus.

Le cinquiéme Ton pour les Festes Doubles.

Le commencement.   Le milieu.   La fin.

Dixit Dominus Domino meo : se de à dextris meis.

Magnificat anima mea Dominū. Be ne dictus Dominus

D

Deus Israël, quia visitavit, &c.

Aux Festes Semidoubles & Simples, & aux Feries, on commence les Psalmes tout droit par la dominante *fa*, le reste comme dessus.

Le sixiéme Ton, pour les Festes Doubles.

Le commencement.   Le milieu.   La fin.

Dixit Dominus Domino meo : sede à dextris meis.

Le *Magnificat* & *Benedictus*, commencent ainsi que les Psalmes : & finissent de mesme comme dessus. Aux Festes Semidoubles & Simples & aux Feries, les Psalmes commencent tout droit à la dominante *la*, le milieu & la fin comme dessus.

Le 7. Ton, avec ses fins differentes pour les Festes Doubles.

Le commencement.   Le milieu.   La fin.

Dixit Dominus Domino meo : sede à dextris meis.

Euouoe.   Euouae.   Euouae.

Euouae.   Euouae.   Euouae.

Magnificat anima mea Dominum. Et exultavit.

Le *Benedictus* est de mesme. Aux Semidoubles, Simples & aux Feries on commence tout droit par la dominante *sol*, le reste comme cy-dessus.

Le 8. Ton, avec ses fins differentes, pour les Festes Doubles.

Le commencement.   Le milieu.   La fin.

Dixit Dominus Domino meo : sede à dextris meis.

selon l'usage Romain.

E u ou a e. Ma gni ficat anima mea, &c.

Le *Benedictus* est de même aux Festes Semidoubles & aux Feries; on commence tout droit à la dominante *fa*, le reste comme dessus.

Il y a le Ton du Psalme *In exitu Israel*, qui est bien du premier Ton; mais il est irregulier, qu'on appelle ayant la façon de chanter toute particuliere & differente du Ton premier, comme vous verrez cy-apres.

EXEMPLE.

In e xitu Israël de Ægypto: domus Jacob de po pulo barbaro. Israël potestas ejus. Mota est terra: à facie Benedixit do mui Israël. Dominus super vos. Benedicti vos à Domino. *Et ainsi du reste.*

Or chaque Ton des Psalmes se divise en trois Parties, dont la premiere est l'intonation, qu'on appelle commencement. La 2. est la Mediation, qu'on peut dire milieu. Et la 3. est l'*Euouae*, qui se nomme fin. Il est facile de donner plusieurs autres commencemens, milieu, & fin à chaque Ton, comme font ceux qui chantent les Psalmes & Cantiques plus solemnellement aux principales Festes de l'année, & qui se servent des Chants nouveaux, comme font tous les Peres de l'Oratoire.

Remarquez icy qu'à chaque Verset des Psalmes ou Cantiques, on fait une pose au milieu desdits Versets, qui est marquée dans les Pseautiers par une étoile, ou avec deux points; laquelle pose se fait toûjours apres la Mediation du Chant, du Verset, & durant l'espace d'un *Jesus Maria Joseph*, pour le moins: & depuis le commencement dudit Verset jusques à cette pause, on fait respiration en reprenant haleine, sans s'arrester beaucoup neanmoins, afin qu'on estime pas que c'est une pause; mais il suffit qu'on s'apperçoive de cette respiration, laquelle se fait afin qu'on aille plus aisément jusques à la pause. Il en faut faire de même depuis la pause jusques à la fin du Verset, en respirant au milieu, ou environ. Par exemple, au Psalme *Confitebor tibi Domine in toto corde meo*, on fait la respiration apres *Domine*, & la pause apres *meo*: & à l'autre moitié du Verset *in consilio justorum & congregatione*. On fait ladite respiration apres *justorum*, & on continuë le reste jusques à la fin du Verset : & on ne commence point l'autre Verset, que celuy-cy ne soit entierement fini, afin de ne point faire de cacophonie, ou desacord.

Chaque Ton a des particulieres proprietez, de là vient qu'on est plus touché des uns que des autres, & que l'un est plus gay, & l'autre plus triste; ce qui arrive à cause de la diferente situation du demi Ton, des differentes intervalles, & de leur suite.

Le 1. Ton, ou Mode est propre pour la contemplation des Mysteres joyeux de Nostre Seigneur & de la Vierge, le *Salve Regina*, & *Ave Maris Stalla* sont de ce Mode que les Musiciens appellent Dorient.

Le second est propre à des choses tristes & serieuses, l'Hymne de saint Iean, *Vt queant laxis*, & celuy du Carême, *Audi benigne*; le Respons, *Collegerunt & circumdederunt* sont de ce Ton, nommé sous-Dorient.

Le 3. est propre pour les choses pathetiques & funebres, pour la Meditation des Mysteres douloureux de Nôtre Seigneur, pour exciter les fideles à la componction de leurs pechez, appellez des Musiciens Phrygiens, les Hymnes du saint Sacrement, *Pange lingua gloriosi*, & de l'Avent, *A Solis ortu cardine*, sont de ce Mode, ou Ton.

Le 4. est propre pour les Passions tristes & profondes, nommé sous Phrygien. Plusieurs Antiennes du temps de Paiques sont de ce ton, comme *Desiderio desideravi, Tempus meum, Popule meus*, &c.

selon l'usage Romain.

Le 5. excite le desir de la gloire eternelle, & propre pour chanter la victoire que Jesus-Christ a remporté sur la mort, le monde, & l'Enfer : & pour exprimer le courage & la generosité, l'Antienne, *Alma Redemptoris, Omnes Angeli ejus,* & les Passions, sont de ce Ton, qui est appellé Lydien.

Le 6. est fort propre pour exciter à la devotion, & à la recollection d'esprit, l'Antienne, *Propter verba,* du Dimanche à Matines, *Ave Regina cœlorum,* & l'Hymne de la Magdeleine, *Pater Superni lumini,* sont de ce mesme Ton, qu'on appelle sous-Lydien.

Le 7. apporte une particuliere allegresse à la devotion, la rend fervante, & excite le zele de la gloire de Dieu, on le nomme Mixolydien l'Antienne, *Gabriel Angelus,* les Respons *Aspiciens à longè missus est, Vbi est Abel,* sont de ce mode. Enfin le 8. Ton qu'on nomme sous Mixolydien est propre pour les choses joyeuses & Divines, & pour la contemplation & dilatation d'esprit en Dieu. L'Antienne *Rex pacificus. Tres pueri,* les Respons, *In monte Oliveti. Verbum caro factum est,* & l'Hymne *Verbum supernum prodiens,* les Laudes du S. Sacrement, sont de ce mesme Ton.

Et quoy qu'on puisse augmenter le nombre des Intonations, ou Chant des Psalme de l'Eglise, comme nous avons déja dit : autresfois cela se peut sans changer ny multiplier les modes : car on peut faire plusieurs Chants pour les Psalmes qui seront de mesme mode, les Tons de l'Eglise se sont contentez de huit, parce qu'on chante seulement les Psalmes huit fois le jour. Premierement à Matines, à Laudes, 3. à Tierce, 4. à Prime, 5. à Sexte, 6. à None, 7. à Vespres & 8. à Complie : ou bien parce qu'il y a ordinairement huit Antienne, principales aux jours solemnels, sur lesquelles on peut chanter 8. Tons differends ; à sçavoir les cinq Antiennes de Laudes, qui se repetent d'ordinaire aux premieres & secondes Vespres; les deux du *Magnificat,* aux deux Vespres, & celle de *Benedictus* : ou peut-estre parce qu'ils ont sceu que plusieurs Psalmes ont leurs inscriptions, *pro Octava*, c'est à dire pour la beatitude ; ou enfin parce qu'ils ont jugé que sous le nombre de huit Tons on pouvoit comprendre tous Chants de l'Eglise.

Pour conclusion de ce Traité je vous diray en passant, que si vous voulez bien chanter soit Antienne, Psalme, Respons, Introites, Graduels, & autres choses semblables : il n'est necessaire, qu'auparavant vous jetriez l'œil sur l'Antienne, Respons, &c. que vous devez chanter, & que vous parcouriez avec la veuë depuis le commencement jusques à la fin, pour voir si les Notes vont haut ou bas, afin que vous commenciez si bien en Ton, que vous y puissiez facilement aller sans vous forcer par trop, aussi vous remarquerez diligemment s'il y a quelque changement de Clef, soit au commencement, soit au milieu des lignes, ou reglets, afin que vous n'y soyez pas surpris, ce qui arrive assez souvent, & aussi s'il n'y a point de renvoy, ou guidon faux, afin que cela ne vous fasse perdre vostre Ton, ou vous mettre en desordre. Sur tout soyez soigneux à chanter d'oreille, c'est à dire à écouter celuy ou ceux avec lesquels vous chantez, afin que s'ils manquent, vous les puissiez remettre en Ton, & les tenir dans la cadance du Chant, ou bien que si peut-estre vous manquez vous mesme vous puissiez vous remettre avec les autres, car à moins de cela, vous ne chanterez jamais bien. Aussi de temps en temps, il faut faire des pauses mediocres pour reprendre le vent, bien entonner les Notes en feignant les *mi*, & les *fa faints*, là où il les faut faire & remplir les autres Notes, & lorsqu'il faut doubler les Notes quand il y en a deux ou plusieurs sur une mesme sillabe, il ne faut point faire ce doublement de Note avec des coups d'estomach, de voix, ou de teste, comme si vous disiez *ha, ha, he, he*, ou choses semblable; mais il faut doucement couler la voix sur chaque Note, en leur donnant neantmoins leur Ton avec bonne grace, & en gardant toûjours la cadance & harmonie du Chant.

EXEMPLE DES 8. TONS DE L'EGLISE,
selon l'usage de paris.

LE PREMIER TON.

Avec ses fins differentes pour les Doubles, tant à Vespres, Matines, que Laudes.

Commencement.   Milieu.   Fin.

Intonation.   Mediation.   Euouae.

Dixit Dominus Domino meo : sede à dextris meis.

2. Sede à dextris meis. 3. A dextris meis. 4. A dextris meis.

In exitu Israel de Ægypto domus Iacob de populo barbaro.

Second Ton.

Dixit Dominus Domino meo : sede à dextris meis.

Magnificat anima mea Dominum.

Troisieme Ton.

Dixit Dominus Domino meo : sede à dextris meis.

Dixit Dominus Domino meo. 2. Sede à dextris meis.

3. A dextris meis.

www.ingramcontent.com/pod-product-compliance
Lightning Source LLC
Chambersburg PA
CBHW060914050426
42453CB00010B/1719